ADDITION

A L'ÉTAT CIVIL

DES CITOYENS NOBLES DE PARIS

EN 1789

PAR

TRUDON DES ORMES

PARIS

1904

ADDITION

A L'ÉTAT CIVIL

DES CITOYENS NOBLES DE PARIS

EN 1789

PAR

TRUDON DES ORMES

PARIS

1904

ADDITION A L'ÉTAT CIVIL

DES CITOYENS NOBLES DE PARIS

EN 1789.

J'ai publié, en 1899, dans les *Mémoires* de la Société (t. XXVI), une liste malheureusement incomplète et assez imparfaite[1] d'habitants de Paris ayant fait partie, en 1789, des assemblées primaires de la noblesse répartie dans les vingt départements de la capitale.

Incomplète, cette liste l'était forcément, parce que je m'étais limité aux seuls documents imprimés connus et que, quelque riche en livres de toute sorte que fût la Bibliothèque nationale, il m'avait fallu reconnaître que, — rien que pour ces assemblées primaires d'une catégorie de citoyens parisiens, — il existait des lacunes, dont je n'ai pas à parler ici, les ayant déjà signalées.

Je n'avais pu citer, notamment, que les seuls électeurs du 8e département, à défaut d'un document autre que celui qui contient la liste de ces électeurs. Une récente acquisition de la Bibliothèque nationale me met à même de signaler une mince brochure provenant de ce 8e département de Paris. Je ne parlerai pas, bien entendu, des vœux qu'elle exprime et dont la teneur a été publiée, n'ayant en vue que l'identification des quarante et quelques noms apposés à la fin du procès-verbal de cette réunion partielle, afin de compléter ma précédente liste et aussi de rectifier certains noms.

La pièce en question, cotée Le[24] 314, a pour titre : « Cahier de

---

1. Cette liste contient, entre autres, des noms non identifiés qui auraient pu l'être et d'autres mal identifiés, tel celui d'un sieur Despart, du 3e département de la noblesse, qui n'est autre que Charles Asselin des Parts, gentilhomme ordinaire du duc d'Orléans.

l'assemblée de la noblesse de Paris, tenue au prieuré Saint-Martin. Huitième département. » S. l. n. d., in-8°, 13 p.[1].

J'ai dit que les vœux exprimés dans cette plaquette étaient connus; M. Ch.-L. Chassin en a, en effet, publié le texte, moins les noms soussignés, dans les « Élections et les cahiers de Paris, en 1789 » (t. II, p. 269), d'après l'exemplaire imprimé conservé aux Archives nationales[2].

Ces noms ainsi omis par M. Chassin, apparemment faute de place, et qui ont, en vérité, ni plus ni moins de droit à la publicité que ceux du 1er département, valaient peut-être la peine d'être connus; je me suis donc attaché, en les publiant, à les identifier dans la mesure du possible. Ces noms, qui sont au nombre de quarante-quatre, sont les suivants :

1. **De Montholon,** président.

C'est François de Montholon, procureur général de la Chambre des comptes, rue Sainte-Avoye; il fut choisi comme électeur.

Il est fait mention, dans le « Journal de Paris » (7 déc. 1788), du décès de dame Charlotte-Marie-Laurence-Marguerite Fournier de la Chapelle, épouse de Nicolas *de Montholon*, ancien premier président des parlements de Metz et de Rouen, ancien conseiller au Conseil royal du commerce, conseiller d'État, en son hôtel, boulevard Montmartre, et transportée en l'église de Saint-André-des-Arcs. — On trouvera aussi la mention de l'enterrement de Mathieu *de Montholon*, marquis de Montholon, mestre de camp commandant le régiment de Penthièvre-Dragons, premier veneur de Monsieur, frère du roi, etc., décédé en sa maison de campagne, boulevard du Midi, au-dessus du clos Payen, et transporté en l'église de Saint-André-des-Arcs. (*Ibid.*, n° du 22 avril 1788.)

2. **Lelong,** secrétaire.

C'est Claude-René Le Long, conseiller maître à la Chambre des comptes (1759), rue Sainte-Avoye, et désigné comme électeur.

1. Il en existe un exemplaire aux Arch. nationales et un au British Museum.

2. A propos du livre de M. Chassin, il s'est glissé dans mon précédent essai une inversion de mots, qui ne m'est pas imputable, mais qui a pu rendre peu clair un passage qui le concernait. Citant l'excellent travail de M. Chassin, je faisais la remarque que cet auteur, en publiant les procès-verbaux et cahiers des départements de la noblesse de Paris, n'avait cru devoir transcrire à la suite des textes que les noms des gentilshommes d'un seul département, le premier, et avait, sans doute volontairement, négligé les autres; deux mots changés dans le texte ont rendu ma phrase assez peu claire, et je ne puis qu'essayer de mieux préciser ici. — Après Chassin, il convient de citer aussi le *Recueil de documents relatifs à la convocation des États généraux de 1789*, par M. A. Brette, t. III, paru récemment.

Il habitait avec sa mère, demoiselle Visinier, veuve Lelong, le n° 74 de la rue Sainte-Avoye. (Voyez *l'État actuel de Paris... Quartier du Temple*, 1789, in-24, aux Changements et Additions.)

D'après l' « État de la France, » éd. de 1749, il y avait alors Claude-René Le Long, conseiller maître à la Chambre des comptes (12 déc. 1707); Jean-Baptiste-René Le Long, ci-devant conseiller auditeur à la Chambre des comptes, conseiller maître à la même Chambre (13 avril 1736), et Claude-Pierre Le Long de Ligny, conseiller auditeur à ladite Chambre des comptes (17 nov. 1731), reçu maître des Comptes, en survivance de son père, en 1738.

3. **Fraguier.**

Ce doit être Pierre-Nicolas-Florimond Fraguier, président de la Chambre des comptes (1745), rue Mêlée, plutôt que le marquis de Fraguier, rue Chapon, 24. Il était membre de la « Maison philanthropique » établie à Paris, en 1780, d'après l' « Almanach national pour l'année 1790... » (4e partie. Sociétés de bienfaisance, p. 28). Le président Fraguier était veuf, depuis peu, de Marie-L. Boucher, d'après la mention du décès de cette dame, annoncé dans les « Affiches, annonces et avis divers » (12 nov. 1788).

Autre : annonce du décès de Geneviève Gruyn, veuve de Jacques-Antoine Barathier, marquis de Saint-Auban, lieutenant général des armées, inspecteur général de l'artillerie, et ci-devant veuve de Martin de *Fraguier*, président en la Chambre des comptes, en son hôtel, rue Chapon. (*Journal de Paris*, 25 mai 1784.)

4. **Chardon.**

Daniel-Marc-Antoine Chardon, maître des Requêtes, doyen du quartier de janvier (1765), procureur général des prises, *alias* commissaire départi pour la visite des ports, habitait rue Sainte-Appolline, porte Saint-Denis; il était en outre lieutenant particulier honoraire en la prévôté de Paris et membre de la « Maison philanthropique » établie à Paris en 1780. (*Op. cit.*, p. 40.)

Le « Journal de Paris » (8 janv. 1780) mentionne le décès de Marie-Anne-Adélaïde de Maupassant, épouse de Daniel-Marc-Antoine *Chardon*, maître des Requêtes ordinaire de l'Hôtel, lieutenant particulier honoraire au Châtelet de Paris, procureur général du roi au Conseil royal des finances pour les prises et commissaire départi pour la visite des ports, hâvres, pêcheries, etc., en son hôtel, rue Sainte-Appolline.

5. **Le Noir de Villemilan.**

Conseiller au Parlement, en la première Chambre des enquêtes, depuis l'année 1780; il habitait rue Sainte-Appolline, d'après l' « Almanach royal, » à la même adresse que Lenoir de Ballay, régisseur général, d'après l' « État actuel de Paris... Quartier du Temple » (*op. cit.*), et était membre de la « Maison philanthropique. »

Michel-Étienne Lenoir de Villemilan avait été pourvu de l'office de conseiller du roi lai en sa Cour de Parlement de Paris, au lieu de Jean-Nicolas de la Guillaumie[1] (*Journal de Paris*, 15 sept. 1780); il venait sans doute du Châtelet, car c'est de lui qu'il doit être question dans la mutation suivante, mentionnée au « Journal de Paris » (nº du 16 déc. 1780), qui nous apprend que Charles-Simon Vanin a été pourvu de l'office de conseiller du roi au Châtelet de Paris, au lieu de Michel-Étienne *Le Noir*.

6. Le marquis **de Guiry**.

Claude-Charles, marquis de Guiry, venait d'être pourvu de l'office de grand bailli d'épée au bailliage de Chaumont-en-Vexin. (*Journal de Paris*, 16 mars 1789.)

7. **Morin de Ramainvilliers**.

Alias Ramainvilliers, électeur[2].

8. **De la Haye de Cormenin**.

Conseiller maître à la Chambre des comptes (1784), rue Grenier Saint-Lazare (*Almanach royal*); je ne sais si c'est Marie-François de la Haye de Cormenin, remplacé comme lieutenant général de la Table de marbre du Palais à Paris, par Pierre-Claude Prousteau de Montlouis. (*Journal de Paris*, 26 nov. 1784.)

Autre : Marie-François-Joseph de la Haye est pourvu de l'office de conseiller du roi, lieutenant général de l'Amirauté de France, au siège général de la Table de marbre du Palais à Paris, au lieu de Pierre-Joseph *de la Haye*, son père. (*Ibid.*, 3 janv. 1778.)

Pierre-François Tronquet de Saint-Michel est pourvu de l'office de conseiller du roi, lieutenant criminel, commissaire enquêteur et examinateur et garde scel de l'Amirauté de France, au siège général de la Table de marbre du Palais à Paris, au lieu de Marie-François-Joseph *de la Haye de Cormenin*. (*Ibid.*, 14 déc. 1781.)

A la même époque se reporte le décès de Marie-Charlotte-Julie Marlot, épouse de Marie-François-Joseph *de la Haye de Cormenin*, conseiller du roi, lieutenant général de l'Amirauté de France à la Table de marbre du Palais à Paris, en son hôtel, rue Grenier Saint-Lazare. (*Ibid.*, 13 déc. 1781.)

---

1. Est-ce Cavelier de la Guillaumie? Il y avait à cette époque un grand maître des eaux et forêts de ce nom.

2. C'est sous cette seconde forme qu'il se trouve figurer dans ma précédente liste.

9. **Camusat du Saussay**.

Conseiller auditeur en la Chambre des comptes (1781), Ange-Jean Camusat du Saussay habitait cloître Saint-Merry, même adresse que Mme Camusat de Bernière. (Cf. *l'État civil des citoyens nobles de Paris en 1789*, *op. cit.*, p. 276.)

10 et 11. **Boyer et Boyer de Bois-de-Champs**[1].

L' « Almanach royal » de 1790 indique parmi les conseillers maîtres à la Chambre des comptes Boyer, demeurant rue Sainte-Avoye, vis-à-vis celle des Blancs-Manteaux, et Boyer de Bois-de-Champs, même rue, vis-à-vis celle du Plâtre. Le premier, auditeur en 1773, était devenu conseiller maître en 1779; le second, auditeur en 1777, ne devint maître qu'en 1783. Il y eut aussi un autre Boyer, dit Boyer des Morins, comme on le verra par les mutations qui suivent :

Pierre *Boyer de Bois-de-Champs* est pourvu de l'office de conseiller du roi, auditeur en la Chambre des comptes de Paris, au lieu de André *Boyer*, son père. (*Journal de Paris*, 31 mai 1777.)

Jean-Antoine *Boyer des Morins*, pourvu de l'office de conseiller du roi, maître ordinaire en la Chambre des comptes à Paris, au lieu de Claude-Mathurin Portail. (*Ibid.*, 4 janv. 1779.)

Edme-François Daligé de Saint-Cyran, pourvu de l'office d'auditeur en la Chambre des comptes, au lieu de Jean-Ambroise *Boyer des Morins*. (*Ibid.*, 15 janv. 1779.)

Pierre *Boyer de Bois-de-Champs*, pourvu de l'office de conseiller du roi, maître ordinaire en sa Chambre des comptes de Paris, au lieu de Claude-Jean-François-Xavier le Boullenger de Chaumont. (*Ibid.*, 31 août 1783.)

Jacques Chauchat, pourvu de l'office de conseiller du roi, auditeur en sa Chambre des comptes de Paris, au lieu de Pierre *Boyer de Bois-de-Champs*. (*Ibid.*, 12 sept. 1783.)

12. **Mandat**.

Alias le marquis de Mandat, électeur; il habitait rue Chapon, d'après l' « État actuel de Paris... Quartier du Temple. » Mandat, ancien officier des Gardes-Françaises, colonel d'infanterie, et Mandat fils, également officier aux Gardes-Françaises, étaient tous deux membres de la « Maison philanthropique. » Ils sont sans doute de la même famille qu'Alexandre Mandat, conseiller maître à la Chambre des comptes (25 mars 1718), d'après « l'État de la France, » éd. de 1749.

1. J'ai rapproché Boyer de Bois-de-Champs de Boyer, bien que son nom ne vienne, dans la liste, qu'après celui de Cadet de Limay, et avant celui de Ladvocat.

13. Le marquis **d'Asnières**.

Il fut électeur du département et habitait rue Sainte-Avoye, n° 84, l'hôtel d'Asnières, ci-devant de Beauvilliers, acheté par lui en 1787, d'après l' « État actuel de Paris... Quartier du Temple. » C'est Henri, marquis d'Asnières, brigadier des armées; son marquisat était de date récente. C'est en effet par lettres patentes du mois de juillet 1776 que le roi, unissant à la châtellenie de la Châteigneraie, qui était la propriété des d'Asnières, plusieurs petites terres, en avait formé un marquisat en faveur du sieur Jean d'Asnières. (La Châtaigneraie, Vendée, arr. Fontenay-le-Comte, ch.-l. de cant. — Voyez un mémoire classé à Vouvant, *Bibl. nat. Catalogue des factums*, t. VI.)

14 et 15. **Lourdet** et **Lourdet de Santerre**[1].

Lourdet et Lourdet de Santerre, auditeurs des Comptes, l'un en 1757, l'autre en 1759, étaient conseillers maîtres depuis l'année 1766 et habitaient rue Chapon; ils sont ainsi appréciés dans le « Tableau général des représentans de la commune de Paris, convoquée le 18 septembre 1789 » (voyez *Étrennes à la vérité ou Almanach des aristocrates*, 1790, in-8°, p. 56) :

« Lourdet, maître des Comptes, il est trop difficile à son espèce d'être partisan de la révolution pour que celui-ci ne soit pas robinocrate.

« Lourdet de Santerre, maître des Comptes, est attaqué du même vice que le précédent. »

Le « Journal de Paris » (26 novembre 1788) mentionne la mort de Jean-Baptiste Lourdet, fils mineur de M. Lourdet, maître des Comptes, décédé à Strasbourg, le 17 de ce mois.

Les deux maîtres des Comptes sont sans doute à rapprocher d'un Lourdet, doyen des huissiers ordinaires du roi en la Grande Chancellerie, qui habitait rue de la Tisseranderie (*Almanach royal*, 1753), et de Claude Lourdet, conseiller correcteur à la Chambre des comptes (17 octobre 1733), d'après « l'État de la France, » éd. de 1749.

16. **Laillier Dorbeville**.

L' « Almanach royal » indique un de Laillier d'Orbeville, conseiller correcteur à la Chambre des comptes (1767), rue Sainte-Appolline, au coin de celle Saint-Martin, et un autre de même nom, conseiller maître à ladite Chambre des comptes (1787), même adresse. Ce dernier, Augustin-Pierre-François de Lallier (*sic*), avait été, en effet, pourvu de l'office de conseiller du roi, maître ordinaire en sa Chambre

1. Lourdet de Santerre ne vient en réalité qu'après Ladvocat et avant Rocoffort. — Ent. de M. *Lourdet*, auditeur des Comptes, décédé rue Sainte-Avoye; à Saint-Nicolas-des-Champs (*Annonces*, 6 sept. 1764).

des comptes de Paris, au lieu de Gaspard-Jacques Moreau de Verneuil. (*Journal de Paris*, 1er juillet 1787.)

17. **De Girin de la Morte.**

18. **Cadet de Limay**[1].

Inspecteur général des ponts et chaussées, fait chevalier de Saint-Michel en 1788; il habitait rue Michel-le-Comte.

19. **Ladvocat.**

Conseiller maître à la Chambre des comptes (1776), rue Bar-du-Bec; il était membre de la « Maison philanthropique » établie à Paris, en 1780. (*Op. cit.*)

D'après « l'État de la France » (éd. de 1749), il y avait alors deux conseillers maîtres de ce nom à la Chambre des comptes, l'un, Louis-François Ladvocat (8 août 1724), et l'autre Jean-Baptiste-Alphonse Ladvocat de Sauveterre (14 mars 1735)[2]. Ces deux conseillers sont apparemment de la même famille que les Ladvocat qui suivent; il y eut, en effet, au début du xviiie siècle, un Louis Ladvocat, conseiller au Grand Conseil, et son frère également nommé Louis, conseiller maître à la Chambre des comptes. Louis Ladvocat, l'aîné, avait épousé, étant trésorier de France à Bourges, Marguerite de Risaucourt, en l'église Saint-Gervais à Paris, l'an 1665; trois ans après, il devenait conseiller au Grand Conseil. (Voyez « Mémoire pour Me Adrien de Risaucourt, etc. » *Bibliothèque nationale. Catalogue des factums*, t. V.)

20. **Rocoffort de Vinnière.**

Conseiller correcteur à la Chambre des comptes (1787), rue Meslée.

Jean-Marie-Alexandre *Rocoffort* avait été pourvu de l'office de conseiller du roi, correcteur en sa Chambre des comptes de Paris, au lieu de Jean-Baptiste-Marc Brochant. (*Journal de Paris*, 17 février 1787.)

21. **Sainfray de Villermont.**

C'est vraisemblablement l'ancien substitut de ce nom, Jean-Augustin *Sainfray de Villermont*, remplacé, dans son office de substitut

---

1. Cadet de Limay, anobli depuis peu, se trouve figurer avec raison sur cette liste, tandis que Cadet, *alias* Cadet de Gassicourt, son frère aîné, bien que de l'Académie des sciences, ne devait être qu'électeur du tiers dans le district de l'Oratoire.

2. Billet d'enterrement du 14 décembre 1755 de mad. Adélaïde-Olympe Foucault, femme de M. *Ladvocat de Sauveterre*, maître des comptes, décédée rue d'Enfer, présentée a Saint-Jacques-du-Haut Pas et transportée aux Carmélites. (*Annonces*, 29 décembre.)

du procureur général au Parlement de Paris, par Alexandre-Louis Marchand d'Épinay. (*Journal de Paris*, 15 mars 1782.)

Il y eut aussi Jacques *Sainfray*, également substitut du procureur général au Parlement de Paris, lequel fut remplacé par Armand-Jérôme Bignon. (*Ibid.*, sceau du 17 décembre 1788.) Jacques Sainfray était de plus administrateur du collège de Louis-le-Grand et habitait rue du Puits-au-Marais; il était décédé depuis peu à l'époque de la mutation ci-dessus mentionnée, ayant été enterré à Saint-Jean-en-Grève. (*Journal de Paris*, 17 novembre 1788, et *Affiches, annonces*, etc., du même jour.)

Sainfray de Villermont est sans doute à rapprocher de Charles Sainfray, notaire au Châtelet de Paris, à la fin du XVIIe siècle.

22. **Lucot de Saint-Aubin.**

Je cite à tout hasard un Jean-Baptiste Lucot, bourgeois de Paris, à la fin du XVIIe siècle, le même peut-être que J.-B. Lucot, ci-devant fermier général des Monnaies de France, à la même époque (1674-1677).

23. **Mirleau de Neuville d'Isle.**

Alias de Neuville d'Isle, électeur[1]. Il est à rapprocher de Antoine-Pierre *Mirleau de Neuville*, reçu secrétaire du roi en 1738 (*Almanach royal* et *l'État de la France*, 1749) et dont voici la mention de décès : ent. du 25, de M. Antoine-Pierre Mirleau de Neuville, secrétaire du roi, et l'un des fermiers généraux de S. M., décédé rue de Richelieu; à Saint-Roch (*Annonces*, 29 août 1757); on trouvera aussi dans le « Journal de Paris » (23 juillet 1778) la mention d'enterrement de Pierre-Louis Mirleau de Neuville, clerc tonsuré du diocèse de Paris, décédé rue d'Anjou, faubourg Saint-Honoré.

24. **Pasquier.**

Électeur du département[2]. Il y avait, d'après l'« Almanach royal » de 1790, deux Pasquiers, l'un Pasquier de Coulans, conseiller de Grand'Chambre (21 avril 1758), l'autre Pasquier, conseiller en la deuxième des Enquêtes (19 janvier 1787); tous deux avaient même adresse rue Bourg-l'Abbé. « L'État actuel de Paris, etc., » ne mentionne que Pasquier, le conseiller de Grand'Chambre, époux d'une demoiselle Gauthier, et un sieur Gauthier de Lizerolles, administrateur des postes, comme habitant le 56 de la rue Bourg-l'Abbé.

On trouvera au département des manuscrits de la Bibliothèque nationale (Clairambault 1101, fol. 72) le billet d'enterrement, du

1. C'est sous cette seconde forme qu'il se trouve figurer dans ma précédente liste.

2. Voyez *l'État civil des citoyens nobles, op. cit.*, p. 342.

15 mai 1717, de Louis Pasquier de Coulans, lieutenant particulier au Châtelet de Paris, décédé en sa maison, rue Bourg-l'Abbé, et inhumé en l'église de Saint-Leu-Saint-Gilles, sa paroisse.

25. **Dionis du Séjour.**

Électeur du département et député à l'Assemblée nationale, il était conseiller de Grand'Chambre au Parlement de Paris (1758) et membre de l'Académie des sciences; il habitait 61, rue Sainte-Avoye, près celle du Plâtre.

Un autre Dionis, doyen des conseillers à la Cour des aides (1724), habitait même adresse; c'est Louis-Achille Dionis du Séjour[1], d'après « l'État de la France, » éd. de 1749. — Ces Dionis comptent un échevin parmi les leurs, François-Jean Dionis, notaire au Châtelet de Paris et échevin de cette ville, en 1698.

26. **Chevallier.**

Je ne sais si je dois le rapprocher des deux personnes suivantes :

Charles-Thibault Chevalier, pourvu des offices de receveurs généraux, payeurs anciens et alternatifs de la 3e partie des anciennes rentes du clergé de France, qui se payent à l'hôtel de ville de Paris, au lieu de Nicolas du Tartre (*Journal de Paris*, 28 juillet 1782). Chevalier habitait, d'après l' « Almanach royal, » rue Sainte-Avoye, près celle des Blancs-Manteaux.

Enterrement de Pierre Chevalier, secrétaire du roi, docteur régent de la Faculté de médecine de Paris, rue Beaubourg. (*Journal de Paris*, 4 septembre 1783.) — On trouvera, de plus, dans « l'État de la France, » éd. de 1749, Louis Chevalier, ci-devant président de la deuxième des Enquêtes au Parlement de Paris; Louis Chevalier, conseiller au Parlement, cinquième des Enquêtes (12 décembre 1727), et Jean-Baptiste Chevalier de Sourivière, conseiller auditeur à la Chambre des comptes (8 août 1726).

27. **Brisson.**

Il y avait, d'après l' « Almanach royal » de 1790, un Brisson, rue Sainte-Avoye, nº 88, conseiller en la première chambre des Enquêtes du Parlement (7 août 1778). « L'État actuel de Paris » (*op. cit.*) le dit conseiller honoraire; il habitait avec sa mère, la présidente Brisson[2].

28. Le marquis **de Garnier d'Ars.**

Alias le marquis d'Ars, électeur; c'est à ce dernier nom qu'il est classé

1. Ent. de mad. Genev.-Magd. Heron, femme de Louis-Achille *Dionis du Séjour*, conseiller en la Cour des aides, décédée rue Sainte-Avoye... (*Annonces*, 6 nov. 1762).

2. Voyez encore *l'État civil des citoyens nobles*, etc., *op. cit.*, p. 275.

dans l' « Etat civil des citoyens nobles, etc. » (*Op. cit.*, p. 263.) C'est sans doute le marquis d'Ars, lieutenant des vaisseaux du roi, rue de Bourbon-Villeneuve; cette rue, toutefois, ne figure pas dans les rues comprises dans le 8e département.

On trouvera, dans le feuilleton des « Affiches, annonces, etc., » du 17 janvier 1790, la mention d'une vente faite à Marie-Adél. Taillepied de Bondy, épouse de François de *Garnier*, vicomte *Dars*, capitaine de dragons, fille de J.-B.-Marie-Adéodat Taillepied de Bondy, receveur général des finances d'Auch, et de Marie-Cath. de Foissy.

29. **Briansiaux.**

Ancien négociant, armateur à Dunkerque, fait chevalier de l'Ordre de Saint-Michel en 1765. (*Almanach royal.*)

30. **Boursier.**

Il y eut, au milieu du XVIIIe siècle, d'après « l'État de la France » (éd. de 1749), un Gaubert Boursier, reçu secrétaire du roi en 1744, qui habitait rue Chapon et qui doit être identifié avec Gobert Boursier de Lisle, secrétaire du roi, décédé, en 1781, rue du Four-Saint-Honoré. (*Journal de Paris*, 9 mars 1781.) Il était veuf de Henriette-Françoise Lelarge d'Aubonne, décédée à Vincennes, en 1778. (*Ibid.*, 8 octobre.) Gobert Boursier de Lisle fut remplacé comme secrétaire du roi par Pierre-Jean-Louis Notaire. (*Ibid.*, 2 septembre 1781.) Il y eut aussi un notaire au Châtelet de Paris, nommé Amable Boursier, reçu au lieu de Jean-Louis Aubert (*Ibid.*, 8 décembre 1783); c'est Boursier, le jeune, rue de la Verrerie, vis-à-vis celle Bar-du-Bec. (*Almanach royal*, 1790.)

Autres : billet d'enterrement du 26 de Marie-Angélique Gillet, veuve de M. Étienne-Simon *Boursier*, notaire, décédée rue de la Tisseranderie; à Saint-Jean-en-Grève. (*Annonces*, 29 mai 1755.) — Enterrement du 18 de mad. Magdelaine Gleizes, femme de M. Étienne-Jean *Boursier*, président trésorier de France et grand voyer de la généralité de Paris, décédée rue de la Vrillière; à Saint-Eustache. (*Annonces*, 22 août 1757.)

31. **De la Porterie des Essains.**

Je n'ai trouvé qu'un sieur Gaspard de la Porterie, secrétaire du roi à Montpellier, dans « l'État de la France, » éd. en 1749.

32. **Cartault de la Verrière.**

Secrétaire du roi (1784), rue de Montmorency, d'après l' « Almanach royal » de 1790; sans doute Étienne Cartault, ancien notaire au Châtelet de Paris.

Étienne *Cartault*, après avoir été remplacé en son office de notaire par Pierre-Gabriel Tiron (*Journal de Paris*, 13 octobre 1783), s'était fait pourvoir d'un office de secrétaire du roi au lieu de Jean-Marie Darjuzon[1]. (*Ibid.*, 24 mai 1784.)

Cartault était veuf, d'après la mention de décès de Marie-Émilie Scapre, épouse de Étienne *Cartault*, avocat en Parlement, conseiller du roi, notaire au Châtelet de Paris, rue Saint-Denis. (*Journal de Paris*, 16 septembre 1779.)

Autre : enterrement de Jean *Cartault*, ancien premier commis de la marine, rue Saint-Sauveur et à Sceaux-du-Maine. (*Ibid.*, 27 oct. 1784.)

33. **Deschamps de Courgy.**

Je ne puis citer que deux mentions de décès, la première du 9 janvier 1789, touchant l'enterrement de Prix *Deschamps de Courgy*, ancien payeur des rentes de l'hôtel de ville, rue Simon-le-Franc, à Saint-Merry (*Affiches, annonces*, etc., du 12 janvier), et la seconde, mentionnant le décès, rue du Temple, de Prix-François *Deschamps*, fils mineur de Deschamps de Charmailleu[2], trésorier particulier des États de Bourgogne, au comté d'Auxerre. (*Journal de Paris*, 27 décembre 1778.)

34. **Porlier de Goupillière.**

Je ne sais si je dois le rapprocher de Sixte-Maxime Porlier d'Aigremont, auditeur des Comptes, vers le milieu du XVIIIe siècle, d'après « l'État de la France, » ou encore de Porlier de Rubelles, qui, en 1789, habitait 21, rue des Mauvais-Garçons. (*État actuel de Paris... Quartier du Temple.*)

Autre : billet d'enterrement du 31 mai 1757 de mad. Marie-Anne Clerx, veuve de M. Étienne *Porlier*, secrétaire du roi. (*Annonces*, 6 juin.)

35. **Chanlaire.**

Sans doute Chanlaire, avocat, rue Geoffroy-Langevin[3]; l'« État actuel de Paris, etc., » indique, parmi les habitants de cette rue, cet avocat et sa femme, demoiselle Vermeil, ainsi que Vermeil, avocat au Parlement depuis l'année 1756, père sans doute de la dame Chanlaire.

Chanlaire, avocat au Parlement depuis l'année 1780, est qualifié d'aristocrate dans le « Tableau général des représentans de la commune de Paris, convoquée le 18 septembre 1789. » (*Étrennes à la vérité ou Almanach des aristocrates.*)

---

1. J.-M. Darjuzon est le père de Gabriel-Thomas-Marie Darjuzon; tous deux furent receveurs généraux des finances de la généralité d'Amiens.

2. Deschamps de Charmelieu était receveur des tailles à Auxerre.

3. Voyez *l'État civil des citoyens nobles, loc. cit.*, p. 278.

Autres : enterrement d'Anne Forest, épouse de M. Joseph *Chanlaire*, bourgeois de Paris, grande rue du faubourg Saint-Antoine. (*Journal de Paris*, 17 mars 1788.)

Claude Callande est pourvu de l'office de conseiller, secrétaire du roi en la chancellerie établie près le Conseil provincial d'Artois à Arras, au lieu de Pierre-Gilles *Chanlaire*. (*Ibid.*, 25 avril 1788.)

36. **De Fays.**

Est-ce Defays, conseiller honoraire à la Cour des aides, rue Simon-le-Franc, ou de Fays, secrétaire du roi (1763), même rue? Ce dernier serait-il le même que Defays ou de Fays, doyen des payeurs des rentes de l'hôtel de ville, même rue aussi, avec bureau chez M. Pichault, père, rue Michel-le-Comte? (*Almanach royal* de 1790.)

Le secrétaire du roi, qui s'appelait Jean-François Defays, fut parrain d'une cloche en l'église Saint-Méry. (*Journal de Paris*, 18 janvier 1778.) — Billet d'enterrement du 11 de mad. Thérèse Caron, femme de M. Jean-François *Defays*, payeur des rentes de l'hôtel de ville, décédée rue Sainte-Croix de la Bretonnerie; à Saint-Jean-en-Grève. (*Annonces*, 15 juillet 1754.)

Autres : enterrement du 18 de mad. Edmée-Mélanie Camusat, veuve de M. Anne-Nicolas de Fays, payeur des rentes, décédée rue du Temple; à Saint-Nicolas-des-Champs. (*Annonces*, 22 septembre 1755.) — Celui qui suit ne semble pas pouvoir se rattacher aux précédents : billet d'enterrement d'Isidore *Verry*, sgr. *de Fay*, ancien contrôleur des rentes de l'hôtel de ville. (*Affiches*, 3 septembre 1750).

37. **Bagieu.**

Il y eut au milieu du XVIIIe siècle (*l'Etat de la France*, 1749) un chirurgien des gendarmes de la Garde du roi, de ce nom; c'est Jacques Bagieu qui, en 1750, se dit chirurgien aide-major d'armée; il fut de l'Académie royale de chirurgie de Paris, d'après la *France littéraire;* je le cite à tout hasard.

38. **Corps.**

Peut-être Corps[1], rue Sainte-Avoye, procureur de la Chambre des comptes (1747), ou bien Corps, conseiller au Grand Conseil (12 novembre 1774), rue du Figuier, hôtel de Sens.

39. **Jacquelot de Moncets.**

Est-ce le père de Jacquelot de Moncets, né le 19 février 1770 à Paris, sous-lieutenant dans le régiment de Barrois, en 1789?

40. **Dutour.**

Il est sans doute à rapprocher du comte du Tour, qui fut présent

---

1. Ent., 28 sept., de Catherine-Agnès Jallabert, femme de M. Nicolas *Corps*, procureur des Comptes... (*Annonces*, 3 oct. 1765).

aux réunions du 6e département de Paris, et du personnage suivant : enterrement de Marie-Joséphine du Tour, fille mineure de Étienne-Marc-Antoine-Richard, comte *du Tour*, chevau-léger de la Garde ordinaire du roi, faubourg Saint-Denis; à Saint-Laurent. (*Journal de Paris*, 9 février 1787, et *Affiches, annonces*, etc., du même jour.)

41. Le marquis **de Vignoles**.

Je rapproche à tout hasard ce personnage de celui qui suit : enterrement de Pierre-François *Siry*, marquis *de Vignolles*, ancien capitaine de dragons, en son hôtel, rue des Amandiers, faubourg Saint-Antoine; à Sainte-Marguerite. (*Journal de Paris*, 21 mai 1786, et *Affiches, annonces*, du même jour.)

42. Le chevalier **de Vigny**.

Alias le marquis de Vigny, électeur; il habitait rue Beaubourg, d'après l' « État actuel de Paris... Quartier du Temple. » (*Op. cit.*) Il était capitaine d'infanterie[1] et membre de la « Maison philanthropique » établie à Paris en 1780, d'après l' « Almanach pour 1790, » déjà cité. — « L'État de la France, » éd. de 1749, mentionne, parmi les conseillers maîtres à la Chambre des comptes, un Jacques-Olivier de Vigny (28 février 1711), dont voici la mention de décès : enterrement du 14 de M. Jacques-Olivier *de Vigny*, maître des Comptes, âgé de soixante-huit ans, décédé rue de Boucherat; à Saint-Nicolas-des-Champs. (*Annonces*, 19 juillet 1756.)

43. **De Bury**.

Il habitait rue Poissonnière; je ne sais si je dois le rapprocher de l'une des deux personnes suivantes, de familles absolument distinctes : c'est d'abord Pierre-Maurice *Pommereau de Bury*, pourvu de l'office de conseiller du roi, premier président au bureau des finances de Bourges, au lieu de Louis Busson de Bussy (*Journal de Paris*, 22 avril 1780); puis c'est la mention d'enterrement de Marie-Élisabeth Frottier de la Messelière, veuve de Jacques-Marie-Alexandre *Parachon*, comte *de Bury*, ancien mestre de camp de cavalerie, rue des Fossoyeurs, à Saint-Sulpice. (*Ibid.*, 16 avril 1784, et *Affiches*, etc., du 17 avril.)

Il y eut aussi un procureur au Parlement, Me *Girard de Buri*, dont l'étude se trouvait au 225 de la rue Saint-Martin, vis-à-vis celle des Vieilles-Étuves; il est peu probable qu'il ait été convoqué parmi les membres de la noblesse.

44. **De Framery**.

Pas plus que pour le précédent, il ne m'a été possible de l'identi-

1. Je le dis capitaine de cavalerie dans ma précédente liste, *op. cit.*, p. 366.

fier; il y eut bien à Paris un certain Louis Framery, bourgeois de Paris, décédé en 1735, dont une sœur, Marie-Anne Framery, avait épousé un sieur Brussel, auditeur des Comptes, mais ont-ils un lien quelconque avec le sieur de Framery? Louis Framery et la dame Brussel eurent pour père Nicolas-Gabriel Framery, huissier de la Chaîne, c'est-à-dire huissier ordinaire des Conseils d'état et privé du roi. (Voyez divers mémoires et factums classés au nom de Nicolas Brussel, auditeur des Comptes, *Bibliothèque nationale. Catalogue des factums*, t. VII.)

Extrait du *Bulletin de la Société de l'Histoire de Paris et de l'Ile-de-France*, tome XXXI (1904).

Nogent-le-Rotrou, imprimerie Daupeley-Gouverneur.

www.ingramcontent.com/pod-product-compliance
Ingram Content Group UK Ltd.
Pitfield, Milton Keynes, MK11 3LW, UK
UKHW021049260726
13994UKWH00005B/2416

9 782019 929046